CABALLOS Y PONIES
HORSES & PONIES

Un Libro Informativo Sobre los Animales

An Animal Information Book

Ottenhei
PUBLISH

Mucha gente cree que los ponies son los bebés de los caballos. Esto no es verdad. Los ponies son animales completamente crecidos.

Normalmente son más fuertes pero más pequeños que los caballos.

Most people think that ponies are baby horses. This is not true. Ponies are fully grown animals.

They are stronger but usually smaller than horses.

Los bebés de los caballos y ponies se llaman "potros."

Minutos después del nacimiento, los potros intentan ponerse de pie.

Baby horses or ponies are called "foals."

Only a few minutes after they are born, foals will try to stand up by themselves.

Aún cuando hace mucho frío, los caballos prefieren estar afuera.

Pero por la noche, muchas veces, los caballos duermen en un establo. Al contrario que la mayoría de los animales, los caballos duermen de pie.

Even when the weather is very cold, horses like to be outside.

But at night, many horses sleep in a stable. Unlike most animals, horses sleep standing up.

Los caballos y ponies pertenecen a la misma familia animal que los burros, los mulos, y las cebras.

Aunque les gusta correr, les gusta también descansar.

Horses and ponies belong to the same family as donkeys, mules, and zebras.

Although they like to run, they like to relax, too.

El pie de un caballo se llama casco. Es necesario que los caballos lleven los zapatos metálicos para proteger los cascos. Los cascos son clavados en los pies del caballo por un hombre que se llama un herrador.

A horse's foot is called a "hoof." Horses must wear metal shoes to protect their hooves. The shoes are nailed onto the hooves by a person called a blacksmith.

Este pony es tan pequeño que se llama "miniature." Tiene solamente dos pies y medio de altura.

Al contrario de otros caballos y ponies, este pequeñito tiene el pelo largo.

This pony is so small it is called a "miniature." It is only about two and a half feet tall.

Unlike other horses and ponies, this one has long hair.

Algunos caballos se usan para jalar las carretillas. Estos caballos deben ser muy grandes y fuertes.

Este potro pesó como 250 libras cuando nació, y va a crecer tan grande cómo su madre.

Some horses are used to pull carts. These horses must be very big and strong.

This foal weighed about 250 pounds when it was born, and will grow as big as its mother.

10 Church Lane
Baltimore, Maryland

Printed in the United States of America
AN-040A